ÉGALITÉ, LIBERTÉ.

AUX AMES SENSIBLES,

AUX CITOYENS PURS, AMIS DES HOMMES,

ÉPOUX VERTUEUX ET BONS PÈRES,

ÉPANCHEMENT FRATERNEL.

A LIMOGES, le Ier. Frimaire,
3e. année de la République Française,
une & indivisible.

A LA JUSTICE NATIONALE DES FRANÇAIS

ET

AUX REPRÉSANTANS DE CE PEUPLE MAGNANIME,

DOLÉANCES ET PÉTITION

DE

LAURENT ROMAND, CHEF D'ESCADRON

DE LA 23e. DIVISION DE GENDARMERIE NATIONALE.

PREMIÈRE DOLÉANCE

(*Les années devenues des ſiècles.*)

LORSQUE la JUSTICE & l'HUMANITÉ ſont *à l'ordre du jour* dans le ſanctuaire de la CONVENTION d'un peuple libre, la *vertu* & *l'amitié* ſont plus que jamais la conſolation des infortunés. Ames ſenſibles & bonnes, qui entendrez mes gémiſſemens & mes plaintes, jouiſſez du ſentiment délicieux de prendre quelque part à mes peines ; par là vous les changerez en plaisirs, & nous les goûterons ensemble. Parens, amis, époux, enfans, le charme des nœuds qui vous unissent passera dans mon cœur, & vous y remplacerez quelques instans mon épouse & mes enfans, dont le sort m'éloigne depuis quarante-deux mois, sans raison & justice, non plus que sans motifs d'utilité pour la patrie ; mais écoutez.

J'étais ci-devant lieutenant de maréchaussée à Orléans, depuis le dix Août 1779 (*vieux style*). Je dois même dire ici que j'y ai travaillé avec quelque succès ; que le ci-devant Bailliage de cette ville a quelque fois témoigné sa satisfaction de mon travail judiciaire, & que le public y joignait aussi l'expression de la sienne.

Dans cet heureux début, la première fois que je tins le siège prévôtal, j'eus le bonheur d'exprimer fortement les pensées de *Servan*, autrefois Avocat général de l'exparlement de Grénoble, lieu de ma naissance & de mon éducation, & je ramenai les Juges de leur première opinion pour la *question préparatoire* à deux accusés non convaincus. Des applaudissemens embellirent cette victoire ; mais le lendemain elle fut couronnée par l'édit de suppression de cette peine si horrible, plus encore par son iniquité que par sa barbarie.

Peu de tems après je donnai un essai (1) de mes observations sur la jurisprudence criminelle, le vagabondage & la mendicité, & cela me valut ce que j'étais bien loin de chercher, mais que je ne pûs refuser, savoir, une place de plus à Orléans, celle d'inspecteur judiciaire du dépôt général des vagabonds & mendians. Enfin, j'ose dire que l'amour du travail & le sentiment de l'équité furent toujours l'ame de ma conduite, & qu'en un mot je vécus pour jouir de notre heureuse révolution politique. Aussi lorsqu'elle arriva, je m'y

(1) J'envoyai ce manuscrit au ministre de la justice, & il ne répondit pas à ma demande de la permission de le faire imprimer.

livrai avec toute la satisfaction d'un être pensant qui retrouve une patrie ; & pour y fournir quelque chose de mon état, je publiai le premier Mars 1790 un nouveau plan (1) de maréchaussée sous d'autres dénominations que je désignai. Le corps législatif l'agréa, & l'organisation de la gendarmerie nationale est basée sur les moyens que présente cet opuscule. Peut-être aussi qu'avec le tems *on y puisera son régime*. Cependant il me fit des ennemis dans les bureaux de la guerre, & je ne tardai pas à m'en ressentir.

En effet, malgré l'estime & l'affection publique, malgré les plus heureux succès dans mes fonctions, notamment dans les premiers évènemens de la révolution, je fus déplacé d'Orléans, en Juin 1791, & jeté à *Limoges*, où je ne connaissais personne, ni l'idiome ni les localités. Envain la douleur de ma séparation de mon épouse & de mes enfans, fit-elle entendre ses

(2) J'en ai encore quelques exemplaires à la disposition des autorités.

gémiſſemens à l'autorité qui diſpoſait ainſi de mon ſort ſi arbitrairement ; envain cette léſion manifeſte des intérêts de mes enfans, préſentait-elle naturellement l'iniquité d'un pareil exil, il fallut ſubir le coup que me ménagait l'animadverſion de la *bureaucratie* ; & pour l'aſſéner mieux, elle ſe couvrit aux yeux de la loi, du manteau de la ruſe & du menſonge, en mettant dans ma *Commiſſion* pour Limoges « que j'étais nom- » mé à cette place ſur la *préſentation* du directoire du Département de la Haute-Vienne » quoique je n'y fuſſe connu de perſonne, & que même ce Directoire avait ſollicité la place pour un autre. Auſſi, cette contrariété pour ces Adminiſtrateurs, & par la ſuite quelques obſervations générales (1) ſur certains vices de l'Adminiſtration que je publiai le 13 Avril 1792, me firent-elles éprouver de leur part des froideurs & des ſentimens tout oppoſés à ceux que je m'étais acquis à Orléans ; & certes, il faut convenir que cette diffé-

(1) J'en ai encore quelques exemplaires dont le gouvernement peut diſpoſer.

rence est cruelle quand on ne l'a pas méritée. Au surplus, ces observations, en ce qui concerne la gendarmerie, eurent leur effet par la loi du 29 Avril 1792.

Cependant ma trasplantation à Limoges, ou cet *exil*, était encore d'autant plus révoltant que l'on me préférait un *cadet* pour la résidence de *Blois*, qui du moins, par sa proximité d'Orléans, aurait adouci ma peine, tandis qu'on m'ôtait la mienne, disoit-on, pour un ancien.

Je ne pûs alors retenir mes doléances & mes justes plaintes : elles retentirent jusques dans le sanctuaire du corps législatif. Mais l'ex-ministre *Duportail* en prévint les effets, en m'écrivant le 19 Juillet 1791 une lettre fort mielleuse, qui me consolât & me calmât, parce que le mal était fait & que j'étais déjà à Limoges. Il me disait entr'autres choses » vous savez d'ailleurs tous les regrets que je vous ai témoignés de ce que dans ce travail je n'ai pu vous dispenser d'un changement de résidence que j'aurais bien désiré être

» moins éloignée. Ainsi je ne puis que vous » engager à attendre qu'il se présente une » occasion favorable de vous rapprocher. » Comme au surplus vous demandez des » secours pour vous mettre en état de ré- » joindre votre nouvelle résidence, je vous » préviens que je donne des ordres à l'Ad- » ministrateur des dépenses de la guerre, » pour qu'il vous fasse compter par le tré- » sorier d'Orléans une somme de *neuf cens* » *livres* sur vos appointemens à écheoir de » Lieutenant-Colonel. »

« Le Ministre de la guerre »

Signé DUPORTAIL.

D'après cette belle lettre je prenais patience ; mais hélas, ce n'était qu'eau bénite de cour (d'odieuse mémoire), car la loi du 8 Janvier 1792, article neuf, vint r'ouvrir mes plaies, & ce fut encore un nouveau trait lancé par les bureaux de la guerre. Ainsi je renouvelai mes doléances, en profitant de la proscription de mon supplanteur à Orléans, & de la bienveillance dont j'y jouissais moi - même. Je rappelai au ministre de la guerre les promesses de *Duportail* ; mais la réponse fut la transcription toute sêche du dit article 9 de la loi, & il fallut me taire.

Néanmoins, ce ministre ou ses bureaux ne changèrent pas leur marche contre moi : ils firent venir à Orléans, pour remplacer ce premier proscrit, un nouveau sujet de prédilection (mon cadet) lequel à coup-sûr n'y était pas connu ni *demandé par l'Administration*, suivant la loi qu'on m'opposait, car il fut aussi bientôt proscrit par l'opinion publique, & obligé pareillement de fuir son poste.

Alors un nouvel espoir (car c'est l'aliment du malheureux) me fit faire encore de nouvelles démarches ; mais j'eus la même réponse calquée sur la loi, & cependant on fit venir encore des Pyrenées un homme *d'élite* (toujours mon cadet) pour cette place vacante à Orléans, où je suis certain qu'il n'a pas été non plus *demandé par l'administration*, encore moins par le *public* qui ne le connaissait pas, & qui au contraire n'a cessé d'exprimer ses vœux en ma faveur.

Enfin, après avoir jeté vainement tous les cris de la douleur, dans l'état de froissement d'ame où m'a mis une telle suite d'injustices, j'ai enployé non moins vainement aussi tous les motifs de l'intérêt public, pour obtenir ma rentrée sur mes foyers, & ma réunion à ma famille & à des concitoyens qui m'affectionnent. J'ai présenté le tableau des avantages de mon service à Orléans & dans l'étendue de cette division de gendarmerie, par la raison *très-importante* que je connais le pays, & que j'y suis connu révolutionnairement, dans des principes de justice & d'humanité, comme dans ceux de la confiance & du respect pour la CONVENTION NATIONALE.

Ensuite, voyant que l'on ne m'entendait pas encore, & pensant que peut-être il fallait présenter un moyen de reporter ailleurs celui qui commande actuellement à mon préjudice la vingt-sixième division de gendarmerie nationale, j'ai rappelé que la loi fixait sa résidence à *Auxerre*, comme lieu central de cette division, composée des Départemens du Loiret, l'Yonne & l'Aube, & non à *Orléans*, où son chef n'avait été appelé que momentanément pour les séances de la HAUTE-COUR Nationale. Ainsi, dans le désespoir de mon éloignement de ma femme & de mes enfans, je demandai cette résidence *d'Auxerre* au lieu de celle de *Limoges*, ou toute autre qu'il plairait au gouvernement de m'accorder, pourvû qu'elle me raprochât de ma famille.

Mais j'ai été repoussé plus que jamais par une réponse de la *Commission* des armées, en date du 8 Thermidor, qui fait de ma résidence une prison pour la vie, c'est-à-dire, jusqu'à la fin de mes services, car la *Commission* ajoute à la rigueur des autres réponses copiées sêchement (pour moi seul) de l'article 9 de la loi du 8 Janvier 1792, tous les corollaires que l'on peut tirer de la loi *subséquente* sur le mode de gouvernement révolutionnaire, qui substitue les Administrations de District à celles de Département, pour tout ce qui concerne la force armée. Voici la teneur de cette réponse de la *Commission.*

» Citoyen, la demande contenue dans
» ta lettre (1) du 19 Messidor, ne peut être
» accueillie & avoir l'effet que tu désires,
» qu'autant qu'il s'agirait d'un échange &
» que tu te serais *conformé à l'article* 9 *de*
» *la loi du* 8 *Janvier* 1792, c'est-à-dire,
» qu'il faut que *le Conseil d'Administration*
» de ta division & les directoires de District
» qui en font partie, consentent à
» ce qu'il te soit donné une lettre de passe,
» & que tu sois demandé & agréé par
» *le département* de la division dans laquelle
» tu désires passer. »

Le Commissaire

Signé L. A. PILLE.

On conviendra sans doute qu'une pareille réponse est bien étrange, si l'on veut examiner de près la nature des obstacles qu'elle

(1) C'était ma dernière à ce sujet.

m'oppose, & il faut qu'elle ait été fabriquée par un de mes anciens ennemis ou quelque nouveau commis qui en ait sucé le lait; car je ne puis croire que la *Commission* des armées ait la moindre intention d'adopter le système désorganisateur du ci-devant ministère de la guerre, qui tendait à déplacer, disperser, faire souffrir les uns pour favoriser les autres, & dégoûter ainsi la majorité des membres du corps de la gendarmerie, les patriotes bien vus sur les foyers de leurs habitudes & de leurs moyens pour l'efficacité de leur service, & par là-même atténuer jusqu'à la dissolution, un corps si essentiellement consacré au maintien de l'ordre intérieur de la République & à la tranquillité des citoyens.

Cependant un coup d'œil suffit pour apprécier cette réponse de la *Commission*, & la peine qu'elle veut que j'y trouve, ou du moins son rédacteur.

D'abord, la loi d'organisation de la gendarmerie nationale ne prévoyait point les abus d'autorité & tous les évènemens de la révolution, le gouvernement démocratique ; l'emploi de la gendarmerie dans les armées, son nouveau régime intérieur, dans un état continu de recrutement, les mesures révolutionnaires qui divisent l'influence des directoires de Département sur la force armée, en étendant aux Directoires de District l'Administration de la gendarmerie ; enfin la substitution au ministère de la guerre d'une *Commission* émanée du Comité de salut public ; & certes, tous ces changemens nécessaires dans la révolution Française, exigent aussi le rétablissement des droits des citoyens fidèles à leur patrie, qui ont été dispersés & jetés çà & là par des autorités malveillantes & oppressives.

En effet, la première loi précitée du 16 Fevrier 1791, titre 7, article 2, dit seulement » les officiers, sous-officiers & » gendarmes, actuellement pourvus, de- » meureront provisoiremenr dans le *lieu* de » leur résidence » ; & ensuite l'article 6 du même titre dit » les places de lieutenant- » colonel, seront données par ordre *d'an-*

» *ciennetė* aux lieutenans de la ci-devant » maréchaussée » ; or, j'étais dans ce droit inconteſtable *d'ancienneté* pour une place de lieutenant-colonel, par conſéquent je devais reſter à ma *réſidence* d'Orléans.

Et en ſuppoſant que dans le nombre des 115 lieutenans de maréchauſſée il s'en trouvât de plus anciens que moi qui, étant dans des réſidences autres que les 83 qui étaient deſtinées aux 83 nouveaux lieutenans-colonels de la gendarmerie, fuſſent obligés de changer de réſidence pour jouir de leur avancement ; il y en avait aſſez de vacantes par l'effet de la loi, ſans déplacer ceux qui ſe trouvaient naturellement placés où la loi les conſervait.

Mais 1°. l'article 9 de la loi du 8 Janvier 1792 qui n'eſt même pas poſitif à l'égard des *officiers*, puiſqu'il ne dit pas ſi pour une lettre de paſſe il leur faut l'attache ou l'agrément des directoires *reſpectifs*, & du Département où ils ſont & de celui où ils doivent être, ne peut ſervir de fondement juſte & raiſonnable aux premières *réponſes négatives* ſur mes doléances.

2°. La loi

2°. La loi révolutionnaire, qui par mesure de salut public, étend au directoire de District l'administration de la gendarmerie qui était confiée à ceux de Département, ne doit s'entendre que pour ce cercle de devoirs, c'est-à-dire, la surveillance du service & la nomination aux places de gendarme & à la moitié de celles de lieutenant qui viendraient à vaquer, afin de tenir ainsi toujours le corps complet & dûment organisé ; car autrement ce serait donner une extension forcée aux dispositions de l'article 9 de la loi du 8 Janvier 1792, que d'inférer de la loi révolutionnaire que l'on peut étendre à tous les Districts d'un Département, & même à tous ceux d'une division (qui est composée de trois Départemens) la mesure de simple police de ladite loi du 8 Janvier 1792 qui se borne à un seul directoire de Département pour les lettres de passe des gendarmes, & à deux pour celles des sous-officiers, dans la seule vue de protéger les subalternes dans leur emplacement, & de les préserver de l'abus d'autorité des chefs de division, c'est-à-dire, d'un déplacement arbitraire & fantastique, comme autre fois par les prévôts généraux.

3°. En étendant cette mesure de police pour les lettres de passe des chefs de division, à tous les Districts, & de la division où l'on est & de celle où l'on doit être, pour l'avantage du service comme pour le sien propre, c'est rendre la chose impossible, & il serait plus loyal de leur en faire le refus absolu ; car on les met ainsi dans le cas de faire des frais de lettres & mémoires, & de perdre leur tems à solliciter envain les suffrages d'une *cinquantaine* de Corps Administratifs de deux divisions ; de paraître ingrats envers ceux de la division que l'on veut quitter, & de dire à ceux de la division où l'on veut passer « *préférez-moi à mon camarade, au chef de division que vous avez* » ce qui assûrément serait aussi méprisable de la part du solliciteur, qu'impolitique de la part des sollicités d'homologuer la demande de quelqu'un qu'ils ne connaîtraient pas parfaitement.

4°. Si les directoires de District ont remplacé ceux de département, même en ce qui concerne la mesure des lettres de passe, n'est-ce pas du moins mal à propos que la *réponse* de la *Commission* exige encore les suffrages des directoires de Département, ou de six corps Administratifs de plus dans les deux divisions, celle à laisser & celle à prendre.

5°. Enfin, n'est-ce pas aussi dans la même *réponse* donner trop d'extension à la loi du 8 Janvier 1792, que d'exiger encore les suffrages des *conseils d'administration* des deux divisions dont il s'agit.

Il est vrai que dans cette *réponse* de la *Commission* il est seulement dit » *le conseil » d'administration de ma division & des direc » toires de District qui en font partie* » & ensuite qu'il faut » que je sois *demandé » & agréé par le Département de la division* » dans laquelle je désire passer ».

Si un Département me *demande*, à coup

sûr il *m'agréera*. Mais moi je demande 1°. où est le rapport de cette explication avec le principe de la *réponse* qui m'assujettit à l'article 9 de la loi du 8 Janvier 1792, laquelle d'ailleurs ne parle pas des conseils d'administration. 2°. Je demande encore ce que l'on veut dire par *le conseil* d'administration & par *le département* de ma division, car il y en a *trois* de chaque espèce.

Ainsi l'on voit évidemment que j'ai été le jouet de l'arbitraire & de la passion des hommes qui pouvaient disposer de mon sort, sous les dehors spécieux de l'exécution d'une loi, de l'organisation d'un corps, & du placement de ses chefs par rang *d'ancienneté*, quoiqu'elle ne dût déterminer que leur *avancement*. Enfin on voit non seulement une première injustice, mais encore une suite d'autres dans la progression la plus maligne.

Par conséquent ai-je tort de m'indigner contre les abus d'autorité ? Ai-je tort de gémir & me plaindre ? En un mot, ai-je tort de chercher des consolations dans le sein des ames sensibles & bonnes, d'y puiser ainsi des forces pour pouvoir suffire à mon travail, & d'y goûter quelques instans de ce charme délicieux qui seul peut rétablir pour moi le cours du tems, & me conduire à une fin heureuse.

N. B. *Ma pétition est après la doléance suivante.*

SECONDE DOLÉANCE

(*Et toujours un malheur fut la ſuite d'un autre.*)

O deſtin ! quels nouveaux coups me prépares - tu, & qu'ai - je fait pour être victime de ton courroux : reſerve tes châtimens pour les crimes qui échappent à la juſtice des hommes & aux remords ; pourſuis les vices & les paſſions hideuſes du cœur humain; arme ton bras vengeur contre la tyrannie l'orgueuil, l'oppreſſion, l'abus du pouvoir, l'injuſtice & la calomnie ; étouffe les haines & les vengeances ; punis les traîtres & les méchans ; frappe enfin le père dénaturé, le fils ingrat & le frère perfide ; mais protège l'ami des vertus, fidèle aux ſentimens de la nature & de la ſociété : celui qui conjure ta juſtice ne la craint pas ; rends-lui donc avec la vie d'autres facultés que celle de ſouffrir, & reconduis-le ſur ſes foyers, dans le ſein des êtres les plus chers à ſon cœur, ſa femme, ses enfans, ses amis ? Peut-être ainsi deviendra-t-il plus utile à son pays, mais il le sera du moins à sa famille.

Mon ame sensible & aimante se berçait de ces douces espérances, lorsque tout-à-coup le son lugubre d'un tocsin général dans les Départemens de l'Ouest, annonça les allarmes de la Vendée, & fit voler à son secours tous les citoyens de ces contrées. J'arrivai avec ma division à Fontenay-le-peuple, le 26 Mars 1793, (*vieux style*). Déjà une affaire aussi meurtrière que perfide & traîtresse avait laissé aux insurgés, ou plutôt aux brigands qui les soulevaient, quelques avantages de position. Cependant, au lieu de se porter en masse contre ce ramas de factieux, avec les troupes & les citoyens armés qui abondaient de toutes parts, on allait & venait sans prendre aucune résolution. On parlait beaucoup des fureurs de l'ennemi, de l'effroi des habitans des campagnes, de la stupeur de ceux des villes, & de la perfidie de tous. Enfin, on se détermina à distribuer une infinité de petits postes d'observation plus qu'inutiles ; & cette dissémination atténua la force de chaque corps, de chaque arme, & de l'armée entière. En même tems on renvoya tous les citoyens qui n'étaient pas armés, & c'était la grande majorité. Elle était pourtant composée d'un grand nombre de gens de campagne, d'hommes robustes, propres aux travaux pénibles, & qui étaient susceptibles d'être utilement employés, soit pour combattre avec des faulx ou autres armes semblables à celles des insurgés, soit pour servir comme pionniers à applanir les chemins & preparer les succès des républicains. Mais il semblait que ces idées, toutes simples qu'elles étaient, & que chacun se communiquait en particulier, devaient se concentrer devant les meneurs de la force armée par la loi ; car le moindre avis était un crime ; & l'abus du pouvoir le plus tyrannique appliquait aussi-tôt la peine qui lui plaisait, même celle de mort. Ainsi je me trouvai bientôt sans troupe, & néanmoins on m'ordonna de me rendre feül de *Fontenay* aux *Sables*, pour rejoindre le plus fort détachement de ma division, c'est-à-dire 32 hommes sur près de 300 dont elle était composée.

J'arrivai donc aux Sables & ne me trouvai point à la prise de Fontenay par les brigands ; mais je ne m'affectai pas moins de ce désastre, comme de tout ce que j'avais observé. En sorte que ma santé, déjà usée par le travail & par quelques maladies, notamment en Décembre 1792 (*vieux style*), trahit mon zèle & succomba dans l'amertume & l'anxiété qui absorbaient mon ame. En moins de deux jours je me trouvai au lit de la mort ; cependant je lui échappai, & après cinq à six semaines de crises semblables ; je me rendis au camp d'Olonne, d'où aussitôt le Général *Boulard*, frappé de mon état, me fit repartir en m'ordonnant de me retirer à St. Jean-d'Angely, dépôt des malades de cette armée.

La fatigue de cette route & la chaleur

exceſſive (c'était en Juillet) me firent retomber dans une criſe encore pire qu'auparavant ; mais je n'y ſuccombai pas non plus, parce que la fatalité de mon ſort me reſervait de nouveaux coups.

En effet, mon épouſe m'apprit que ſon père (Jean-Baptiſte-Claude-Tourtier), avait été arrêté en ſa maiſon de campagne près Orléans, & amené au Tribunal révolutionnaire de cette ville, ſur une dénonciation qui paraiſſait bien légère ; qu'en conſéquence le Repréſentant du peuple qui étoit alors à Orléans, lui avait dit que ſon père ne tarderait pas à être remis en liberté.

Néanmoins la défaveur où était le citoyen Tourtier, comme ex-noble & d'un caractère fâcheux, miſantrope, avare & proceſſif, prolongea ſa détention ; & quelques vignerons profitèrent de la circonſtance pour venir ajouter aux premiers reproches faits contre lui ; au moyen de quoi il fut conduit au Tribunal révolutionnaire de Paris.

On assurait pourtant (& cela m'a été répété depuis par gens dignes de foi) que ces reproches n'étaient fondés que sur un propos inconsidéré (en conversation particulière) sans aucune intention quelconque, savoir : qu'ayant vu un jour par hazard un homme qui détruisait une borne qui appartenait au ci-devant *seigneur* du lieu, il lui dit qu'il pourrait bien *s'en repentir*, & cela parce qu'il jugeait par son humeur processive celle du propriétaire de cette borne. Mais il y avait (dit-on) des *armoiries* (effacées par le tems comme par la raison) qu'àpeine on appercevait, & l'on ne manqua pas de dire que *Tourtier* voulait rétablir la *féodalité*, la *royauté* &c... ce qui vraiment est absurde pour quiconque a connu le citoyen Tourtier.

Alors mon épouse oubliant les rigueurs & les chicanes inouies de son père, depuis notre mariage & pendant neuf années conſécutives, pour la remiſe de ſes droits à la ſucceſſion de ſa mère ; oubliant ſes refus irrémiſſibles de la voir ou ſes enfans, même dans ſa priſon à Orléans ; oubliant enfin ſa propre miſère, ſe livra ſans reſerve à toute ſa piété filiale, retira ſes effets du caroſſe de voiture par lequel elle devait venir me rejoindre pour me ſoigner dans ma maladie, perdit ſes arrhes, vendit des effets à ſon uſage pour faire de l'argent, & vola à Paris avec l'enfant qu'elle allaitait. Elle court auſſitôt à la nouvelle priſon de ſon père, & après bien des ſoumiſſions elle en obtient de le voir, de le ſoigner, le ſervir & le conſoler dans ſa peine. Sa ſœur y était auſſi accourue de ſon côté, car elles ne ſe voyaient pas non plus : leur père avait ſubjugué celle-ci, & elle était en nom dans ſes procès contre nous, ſans y participer de plein gré. Cependant ce malheur les réuniſſait, & elles rendirent enſemble à leur père tous les ſoins de la plus vive tendreſſe. Mon épouſe ſur-tout les ſavourait dans ſa première perſuaſion que l'auteur de ſes jours lui ſerait bientôt rendu, parce que ſans cet évènement elle aurait déſeſpéré de pouvoir jamais embraſſer ſes genoux. Elles agirent donc de concert avec une ſollicitude d'autant plus active qu'elles ne recevaient par-tout que d'heureux préſages & des aſſurances de leur bonheur prochain de la délivrance de leur père. Ainſi dans cette raviſſante eſpérance elles redoublèrent de ſoins & de prières pour hâter ſon jugement...... mais je m'arrête un moment pour l'amour de mon épouſe.

O déſeſpoir, ô douleur inexprimable! Elle était à cette dernière ſéance affreuſe, avec une de mes parentes chez qui ſa ſœur était reſtée; elle voyait ſans en être vue, & ſon père & les juges qu'elle croyait prêts à le lui rendre; ſon cœur s'ouvrait tout entier à ce bonheur qu'elle ſeule pouvait ſentir après neuf années de ſéparation & d'angoiſſes, lorſqu'elle ſe ſentit ſaiſir par quelqu'un de l'auditoire qui, ſans la connaître, la remarquait & voyait que le vieillard aux cheveux blancs qui occupait le fatal fauteuil était son père, & jugeant qu'elle allait être horriblement trompée dans son attente, il la pressa de sortir & l'entraîna avec toute l'émotion d'un intérêt extraordinaire. Aussi-tôt un cri subit & lamentable la fit aussi connaître de toute l'assemblée, & ce fut à qui lui témoignerait le plus d'attendrissement & de part à sa douleur profonde. On l'emporta évanouie dans une voiture, & mes parens désespérèrent long-tems de la rappeler à la vie. Mais un violent accès de fièvre succéda à ce long évanouissement, & elle fut plusieurs jours dans les bras de la mort prête à rejoindre son père. Enfin pour comble de douleur, son nourrisson perdit le sein de sa mère & éprouva les mêmes dangers.

Ce jour affreux de mort fut le 2 Août 1793; mais il eut été pour nous un jour de bonheur, si ma femme, mes enfans & moi nous eussions tous cessé d'exister dans le même instant. La vie est un fardeau pour l'époux qui reste sur la cendre de la moitié de son être, & ce sentiment de mon ame, si connue à mon épouse, lui fit souhaitter de vivre pour moi & pour nos enfans; cette pensée consolante ranima son courage & ses forces; elle ne songea plus qu'à ma maladie, à ses enfans & au plaisir de me les amener. Mais par la mort de son père nous avions des intérêts précieux à démêler avec la nation, & avant de quitter Paris, elle vit le comité de législation. Elle y répéta tout ce qui lui avait été dit avec l'accent de la vérité, par diverses personnes dignes de foi & qui avaient été présentes au dernier débat de son père. Elle intéressa ce Comité; on la plaignit; on la consola; on l'assura enfin que ses réclamations étaient justes, & que du moins la nation se chargerait des dépens des procès que lui avait faits son père, sitôt qu'elle en produirait les actes.

Les infortunés s'abreuvent facilement du plus léger espoir. Ainsi ma femme revient à Orléans, cherche nos papiers chez les gens d'affaires & éprouve mille difficultés:

les uns font absens, les autres en détention, ou ceux qu'elle trouve ne veulent ni confier les pièces ni en donner des expéditions sans être payés de ce qui leur était dû, & ma pauvre femme ne vivait que d'emprunt. Néanmoins, à l'aide de quelques parens & amis, elle parvient à recueillir les actes qu'on lui avait demandés à Paris. Un seul se trouve adhiré : croyant le trouver chez moi à Limoges, elle y accourt & profite de ce voyage pour venir de suite me voir à St. Jean-d'Angely avec ses enfans. Cependant les Administrations d'Orléans & Baugency avaient déjà mis la main sur le bien de son père, dans lequel se trouvait confondu le sien provenant de sa mère, & elle laisse sa procuration à un ami pour discuter ses intérêts. Mais l'acte adhiré n'était point à Limoges & se retrouva à Orléans. On écrivit à mon épouse que sa présence y était absolument nécessaire, &, quoiqu'elle fut alors très-douloureusement affligée d'une maladie *cutanée* universelle, par l'effet de la suppression de son lait, elle me quitta pour

pour s'y rendre ; & moi je ne tardai pas à m'y rendre aussi par permission de convalescence.

Dans cette intervalle de voyages de mon épouse, l'administration n'écouta rien de ce qu'on lui dit sur nos intérêts : personne n'ignorait dans ce pays nos malheureux procès avec le citoyen Tourtier, & la continuation de sa jouissance au préjudice de ses enfans, du bien de leur mère, depuis le 22 Janvier 1785 qu'elle était décédée ; mais cette administration n'y eut aucun égard, & sur une lettre du Procureur-général-syndic du directoire de Département du Loiret, d'un ex-prêtre insolvable, nommé *Septier*, l'administration du District de Baugency vendit avec le bien du père celui des enfans, c'est-à-dire pourtant une partie seulement de la propriété de mon épouse, malgré la production de ses titres. Le chagrin la reprit, elle retomba malade, & j'arrivai à tems pour arrêter presque de force la vente du reste de son bien, & de celui de sa sœur. Cependant je fus six mois dans la torture des sollicitations pour en obtenir la délivrance, ainſi que la reſtitution des deniers provenant des objets vendus, à la charge néanmoins par moi de ſupporter tous les frais de cette vente, de ſon annonce par affiches, & de tous autres relatifs, ainſi que ceux d'une geſtion fictive.

Au ſurplus, il eſt bon d'obſerver ici que cette délivrance de biens-fonds, qui conſiſtaient principalement en vignes, me fut faite au mois de Floréal, lorſqu'il n'était plus tems de les travailler, & qu'elles étaient dans un dépériſſement affreux ; que de même le manoir avait été abſolument négligé, au point que les portes en étaient toujours ouvertes ; que tout le monde y entrait, qu'on y démolit un petit pavillon, & que les enfans ſur-tout y faiſaient beaucoup de dégats, parce qu'on leur diſait que c'était un bien à la nation, & qu'ils croyaient par là pouvoir en diſpoſer à leur gré pour leurs ébats. On diſait même auſſi dans ce village que j'étais émigré, tandis que j'étais au lit de la mort pour la patrie. Enfin cette vente injuſte nous fit tort elle ſeule d'environ 40 mille livres, par la différence du prix que nous aurions retiré d'environ 200 poinçons de vin, à 350 livres chaque, dans le mois d'Août précédent, si l'on ne s'en fut emparé, & du prix au *maximum* qu'en retira l'aministration en Octobre suivant qu'il était établi par la loi.

Dans ces circonstances mon épouse retourna à Paris & remit au comité de législation, ses titres & tous les actes de procédure qu'il lui avait demandés, ainsi qu'une vingtaine de sentences & d'arrêts, avec un exemplaire (1) d'un de nos mémoires que j'avais fait moi-même le 1er. Octobre 1790, faute de pouvoir en payer la façon à un autre. Ce mémoire est un tableau frappant des antres tortueux de la chicane, où depuis notre mariage nous avons été si cruellement déchirés par tous ses monstres.

Le Comité accueillit mon épouse & lui répéta ce qu'il lui avait promis à son premier malheureux voyage. Il garda pendant un certain tems les pièces en question, en lui

(1) J'en ai encore quelques exemplaires, & je les enverrai aux autorités qui me les demanderont pour en faire usage.

renouvellant les mêmes promeſſes à chaque viſite qu'elle y faiſait. Enfin, on lui dit (comme ſi elle ne le ſavait pas) qu'elle était bien malheureuſe, qu'on la plaignait infiniment, mais que l'on ne pouvait rien faire pour elle dans *l'état actuel des choſes*; que ce ſerait une exception à la meſure générale qui demanderait auſſi un *nouvel ordre de choſes* qu'on ne pouvait changer; que cependant, comme j'étais moi-même au ſervice de la République, elle pouvait préſenter un mémoire de mes ſervices, & que le comité l'appuyerait pour mon avancement; que ce ſerait une eſpèce de *tranſaction*; que même proviſoirement il me ferait rétablir ſur mes foyers à Orléans &c. &c...

Ainſi, rebutées de ces défaites, toutes honnêtes qu'elles étaient, ma trop malheureuſe épouſe reprit ſes papiers & s'en revint comme elle était allée, à la dépenſe près de ſon voyage, & notre nouvelle ſéparation mit le comble à nos infortunes. Je me rendis à mon poſte, & ma convaleſcence y dure encore dans mes tribulations, & mon travail exceſſif.

Néanmoins, nous n'avons pas cessé de nous consoler mutuellement par tous les moyens de la raison, de la philosophie, de l'amitié, de l'amour conjugal, & sur-tout de la piété filiale que l'on doit à sa patrie, & qui change en jouissances les plus grands sacrifices de la vie: nous nous sommes répétés mille & mille fois dans nos lettres, que nous & nos enfans lui appartenions tout-entiers; que l'intérêt commun était tout, & l'intérêt particulier rien; qu'une nation était toujours juste; que si les mesures de la *révolution* nous accablaient pour le moment, sa justice nous en dédommagerait un jour glorieusement. Enfin, nous voyons avec transport cette consolation se réaliser par d'heureuses prémices de ce bienfait national dans la Commune de Bordeaux, & nous nous réunissons de cœur & d'ame pour en offrir nos actions de grâces à L'ÊTRE SUPRÊME & aux Réprésentans d'un peuple magnagnime qui font triompher ses propres vertus, la JUSTICE & L'HUMANITÉ. Ainsi pour en jouir je me présente à leurs regards, & pour la forme, je fais la pétition suivante.

PÉTITION SOMMAIRE.

En conséquence de tous les malheurs non mérités dont je viens de présenter une esquisse rapide à la Convention Nationale, & plein de confiance dans le nouvel *ordre de choses* que l'on paraissait désirer au comité de législation, afin de pouvoir nous rendre justice; Savoir, les VERTUS SOCIALES devenues à *l'ordre du jour*, je demande :

1°. D'être rétabli à Orléans ou du moins rapproché, & provisoirement un congé de 4 à 5 mois *sans perte d'apointemens* pour que je puisse suppléer mon épouse (presque toujours malade) dans la poursuite de nos droits & le recouvrement de nos intérêts, envers les possesseurs du *bien* de feu son père.

2°. Que s'il est vrai que ce malheureux père (le citoyen Tourtier) ait succombé *à l'ordre des choses* au tems de sa mort (car il était trop solitaire, trop méfiant, trop paresseux & j'ose dire trop avare pour être susceptible de rien entreprendre contre la République), elle veuille bien rendre à mes enfans, qui sont au nombre de quatre, savoir *trois garçons & une fille*, la petite fortune de leur *ayeul* qu'ils n'ont jamais vu, non plus que moi ni mon épouse depuis notre mariage, & que par conséquent nous ne devons pas être *responsables* de ses torts, *s'il en a*, car je n'en sais rien par moi-même.

3°. Que si cette juste demande du 2ᵉ. article ci-dessusne peut avoir son effet, la République veuille bien du moins nous rendre ce que la JUSTICE ou la NATURE nous aurait rendu tôt-ou-tard, savoir, la *juste indemnité* des dépens de nos procès inouis par le fait de ce père infortuné; & dans ce cas de la *maxime* d'équité qui veut qu'on prenne les *charges* de celui à qui l'on succède dans ses *biens*, je puis assûrer aux Représentans de la nation, dispensateurs de sa justice, que 30 à 40 mille livres ne seraient pas trop pour cette indemnité.

4°. Enfin, que si aucune des demandes des trois articles ci-dessus ne peut avoir lieu, le gouvernement veuille bien me rendre ma liberté, par congé honorable, avec la pension de *retraite* qu'il croira que je puis avoir méritée.

Les motifs de cette dernière demande en *pis-aller*, consistent essentiellement dans le délabrement de ma ſanté & quelques infirmités de rhumatiſme & de ſurdité, comme auſſi dans l'impoſſibilité où je ſuis de tenir deux ménages, ſavoir, le mien à *Limoges*, & celui de ma femme & de mes enfans à *Orléans*, avec mon traitement & les triſtes reſtes de leur bien, car pour moi je n'en ai pas.

En effet, au prix extravagant où ſont toutes les choſes, ce traitement annuel de 3600 livres, ſur lequel je paye 305 livres 8 ſous d'impoſition mobiliaire, eſt déjà loin de ſuffire à ma ſeule exiſtence individuelle ; & cependant mon état exige un certain extérieur, un cheval au moins, un homme de confiance, des courſes, des voyages dans les trois Départemens de ma diviſion &c. &c...

Ainſi la nation eſt trop juſte & même trop généreuſe pour ſouffrir que je m'endette encore, à l'effet de continuer mes ſervices de près de 30 années conſécutives, & qui m'ont vieilli du double de ce laps de tems.

Quoiqu'il en ſoit, je ne me plaindrai jamais d'avoir à dire : . . *tulit alter honores*, *Sic vos non vobis mellificatis apes.* (*Vir.*)

Ou que tous mes pareils ſont plus heureux que moi.

Signé, Lnt. R O M A N D.

www.ingramcontent.com/pod-product-compliance
Ingram Content Group UK Ltd.
Pitfield, Milton Keynes, MK11 3LW, UK
UKHW021117230726
13926UKWH00002B/525

9 782014 109900